改訂版　　聞いて覚えるドイツ語単語帳

キクタン

ドイツ語

【初中級編】

独検**3**級レベル

アルク

はじめに
「キクタン ドイツ語」とは

ベストセラー「キクタン」をドイツ語学習に応用！

　単語を聞いて覚える"「聞く」単語帳"、すなわち「キクタン」。「キクタン」シリーズはアルクの英単語学習教材からスタートしました。音楽のリズムに乗りながら楽しく語彙を学ぶ"チャンツ"という学習法を採用し、受験生からTOEICのスコアアップを狙う社会人まで、幅広いユーザーの支持を得ています。

　この「キクタン」をベースとして、「独検3級＋日常会話でよく使われる単語」を厳選した『キクタンドイツ語【初中級編】独検3級レベル』（初版2019年7月）が刊行されました。本書は、その例文、日本語訳の見直しを行い、音声をダウンロード提供とした改訂版です。

独検3級レベルとCEFR A2 〜 B1レベルの単語を精選！

　本書は、独検3級レベルの語彙に加えて、「ヨーロッパ言語共通参照枠（CEFR）」のA2 〜 B1レベルに相当する単語や熟語を選んで収録しています。

　独検3級の検定基準は「ドイツ語の初級文法全般にわたる知識を前提に、簡単な会話や文章が理解できる。（ドイツ語の授業を約120時間以上受講しているか、これと同じ程度の学習経験のある人）」と設定されています。（公益財団法人ドイツ語学文学振興会『ドイツ語技能検定試験（「独検」）各級のレベルと内容』より）

　このレベルの学習者は、「入門編」や「初級編」の単に外国語として言葉を学ぶ段階から、ドイツ語を使ってコミュニケーションをとったり、ある程度まとまった文章を読んだりする段階へと進んだことになります。そのため、本書には、日常的な身近なものを表す単語に加えて、抽象的な概念を表す単語、文章を読む際によく遭遇する熟語も多く含まれています。

　自分のドイツ語力を初級レベルから次のステップに進めたい、ドイツ語での表現の幅を広げたいと考えている人にきっと役に立つ1冊となるでしょう。

●独検（ドイツ語技能検定試験）
公益財団法人ドイツ語学文学振興会 独検事務局
https://www.dokken.or.jp/
※最新情報はホームページよりご確認ください。

だから「ゼッタイに覚えられる」！
本書の4大特長

1 目と耳をフル活用して覚える！

だから、
ドイツ語の自然なリズムが
身につく！

音楽のリズムに乗りながら楽しく語彙の学習ができる「チャンツ音声」を用意。「聞いて意味が分かる」だけではなく、ドイツ語の自然なリズムまでしっかり身につく単語帳を目指しました。

2 冠詞と名詞はセットで覚える！

だから、
難しく感じていたドイツ語学習が
らくらくスムーズに！

ドイツ語には文法上の性があるため、余計に難しく感じる人が少なくありません。本書では、冠詞と名詞を無理なくセットで覚えられるので、名詞の性を覚えることが苦手な人でも、簡単かつ効果的に身につけることができます。

3 例文で覚える！

だから、
いろいろな場面で役に立つ！

動詞・形容詞・副詞・熟語などのページでは、シンプルかつ日常的によく使われる表現を例文として提示しました。単語を覚えるだけでなく、例文も使えるようになることを目指しましょう。

4 848の語彙・熟語を厳選！

だから、
すぐに使えて、ステップアップ！

【入門編】【初級編】に続くレベルの語彙をしっかり学習できます。まとまった文章を読んだり、より深いやり取りをしたり……、初級レベルから次のステップに進みたい人にピッタリの学習書です。

本書とダウンロード音声の活用法

意味を覚えるだけでは終わらせない。
発音やアクセントもしっかりマスター！

見出し語

名詞以外では、見開きの左ページに、学習語彙を掲載しています。

名詞

33ページまでは、特に日常的な語彙を、使うシチュエーションが似ているものごとに配置しました。職業名など男性形と女性形がある場合は、der/die Bäcker/―in あるいは der/die Bauer/Bäuerin のように両方の形を挙げています。また本書で取り上げた意味で使うときに複数形が一般的な場合には、【通常複数形で】と表記しました。

形容詞

ドイツ語の形容詞はそのままの形で副詞としても使えるため、副詞として使用した例文もあります。

見出し語番号　　　　　　　　　　　音声トラックナンバー

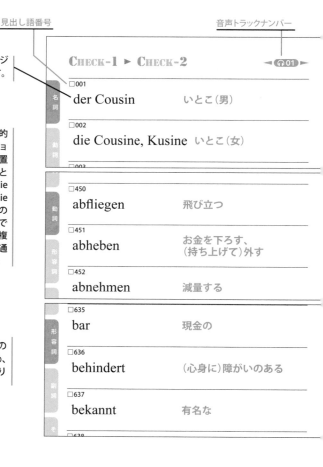

CHECK-1 ▶ CHECK-2　　　◀ 🎧01 ▶

□001
名詞　der Cousin　　　いとこ（男）

□002
副詞　die Cousine, Kusine　いとこ（女）

□003

□450
動詞　abfliegen　　　飛び立つ

□451
abheben　　　お金を下ろす、（持ち上げて）外す

□452
形容詞　abnehmen　　　減量する

□635
形容詞　bar　　　現金の

□636
behindert　　　（心身に）障がいのある

□637
副詞　bekannt　　　有名な

□638

**生活スタイル別
3つの学習モード**

**聞くだけモード
CHECK-1**
音声を聞き流すだけ！

**しっかりモード
CHECK-1 ▶ CHECK-2**
発音もマスター！

音声には、聞いているだけで楽しくなる「チャンツ音楽」のリズムに合わせて、♪"bekannt" →「有名な」→"bekannt" ♪というふうに、学習語彙が「ドイツ語→日本語→ドイツ語」の順に収録されています。

CHECK-1

該当の音声トラックを呼び出し、見出し語とその意味をチェック！

CHECK-2

音声に合わせて発音練習！
自然なドイツ語の発音を身につけるため、カタカナ表記はありません。アクセントの場所に注意して、耳をフル活用してください。

CHECK-1 ► CHECK-2 ◄ 🎧01 ►

□009

die Beilage
付け合わせ

□010

das Besteck
ナイフ・フォーク・スプーンのセット

□011

前の番号の注に面分づいてください。

Unser Flieger ist pünktlich abgeflogen.

私たちの乗った飛行機は定刻に飛び立ちました。

Ich muss Geld abheben.

お金を下ろさなきゃ。

Der Arzt hat mir geraten, abzunehmen.

医者が私に痩せるように忠告しました。

Ich zahle in bar.

現金で払います。

Er ist körperlich behindert.

彼は体に障がいがあります。

Der Mann dort ist ein bekannter Maler.

あそこにいる男性は有名な画家です。

CHECK-3

見出し語を含む例文・フレーズをチェック！
実践的な例文に触れることで、理解が深まります。

例文（名詞以外）

右ページには、見出し語を使った例文が書かれています。初級文法を使った表現で、日常よく使うものが中心となっています。自然な表現のドイツ語ですので、ぜひ少しずつ覚えて積極的に使ってみましょう。

＊音声には見出し語と訳のみが収録されています。

付属チェックシート

赤字部分は、チェックシートで隠せるようになっています。日本語の意味が身についているか確認しましょう。

完ぺきモード
CHECK-1 ► CHECK-2 ► CHECK-3

やるからには完ぺきに！

※ 音声を繰り返し聞いたり、学習語彙やフレーズの音読を重ねたり、なるべく多く学習語彙に触れるよう心がけましょう。

目 次

＊赤数字は音声のトラック番号を表しています

DL音声の使用に関するご案内

● パソコンでダウンロードする場合
　下記の「アルク ダウンロードセンター」にアクセスの上、画面の指示に従って音声ファイルをダウンロードしてください。
　https://portal-dlc.alc.co.jp/

● スマートフォンでダウンロードする場合
　右のQRコードから学習用アプリ「booco」をインストールの上、ホーム画面下「さがす」から本書を検索し、音声ファイルをダウンロードしてください。
　※商品コード（7024052）で検索してください。

名 詞

＊ 赤数字は、音声のトラック番号です

名詞 動詞 形容詞 副詞 その他

□001
der Cousin　　　いとこ（男）

□002
die Cousine, Kusine　いとこ（女）

□003
die Ehefrau　　　妻

□004
der Ehemann　　　夫

□005
der/die Enkel/—in　孫

□006
der Neffe　　　<ruby>甥<rt>おい</rt></ruby>

□007
die Nichte　　　<ruby>姪<rt>めい</rt></ruby>

□008
der/die Verwandte　親戚

□009

die Beilage
付け合わせ

□010

das Besteck
ナイフ・フォーク・スプーンのセット

□011

der/das Bonbon
キャンディー

□012

das Hackfleisch
ひき肉

□013

das Kalbfleisch
子牛の肉

□014

die Kanne
ポット

□015

die Karotte
ニンジン

□016

der Knoblauch
ニンニク

名詞
動詞
形容詞
副詞
その他

□017

das Mehl　　　小麦粉

□018

die Pfanne　　　フライパン

□019

der Pilz　　　きのこ

□020

das Rindfleisch　　牛肉

□021

das Schweinefleisch　豚肉

□022

der Senf　　　マスタード

□023

der Speck　　　ベーコン

□024

die Süßigkeit　　スイーツ

□025

das Benzin   ガソリン

□026

der Führerschein   運転免許証

□027

der/die Fußgänger/—in   歩行者

□028

der Pkw   乗用車

□029

der Reifen   タイヤ

□030

der Stau   渋滞

□031

die Umleitung   迂回、迂回路

□032

der Verkehrsunfall   交通事故

名詞

動詞

形容詞

副詞

その他

□033

das Abitur

高校卒業資格試験

□034

das Examen

（特に大学卒業に関わる）試験

□035

die Hochschule

大学、単科大学

□036

das Referat

研究報告、レポート

□037

das Schulfach

科目

□038

das Semester

学期

□039

die Tafel

黒板

□040

die Vorlesung

講義

☐041

der Bart ひげ

☐042

die Haut 皮膚、肌

☐043

das Knie 膝

☐044

der Knochen 骨

☐045

die Leber 肝臓

☐046

die Lunge 肺

☐047

der Nagel 爪

☐048

der Rücken 背中

名詞
動詞
形容詞
副詞
その他

□049

der Blitz　　　　稲妻

□050

der Donner　　　雷

□051

der Föhn　　　　フェーン現象、ドライヤー

□052

der Frost　　　　（氷点下の）寒さ

□053

das Gewitter　　雷雨、夕立

□054

der Nebel　　　　霧

□055

der Niederschlag　降水、降雨、降雪

□056

der Sturm　　　　嵐

☐057

die Banknote　　　紙幣

☐058

das Bargeld　　　現金

☐059

der Geldschein　　　紙幣

☐060

das Kleingeld　　　小銭

☐061

das Konto　　　口座

☐062

die Kreditkarte　　　クレジットカード

☐063

die Münze　　　コイン

☐064

das Trinkgeld　　　チップ

名詞

動詞

形容詞

副詞

その他

☐065
die Erkältung　風邪

☐066
die Grippe　インフルエンザ

☐067
der Husten　咳

☐068
der Schnupfen　鼻風邪

☐069
die Spritze　注射、注射器

☐070
die Tablette　錠剤

☐071
die Verletzung　けが

☐072
die Wunde　傷

□073
die Batterie 電池

□074
der Drucker プリンター

□075
der Fernsehapparat テレビ(受像機)

□076
die Glühbirne 電球

□077
das Kabel ケーブル

□078
die Kamera カメラ

□079
die Steckdose コンセント

□080
der Stecker プラグ

□081

die Behörde　　　官庁

□082

der Geburtsort　　出生地

□083

das Ministerium　　省庁

□084

das Parlament　　議会、議事堂

□085

die Partei　　　　政党

□086

der Personalausweis （公的な）身分証明書

□087

die Regierung　　政府

□088

der Zoll　　　　税関

☐089

der Anrufbeantworter 留守番電話

☐090

der Bildschirm　画面、ディスプレイ

☐091

das Computerprogramm コンピュータープログラム

☐092

das Computerspiel コンピューターゲーム

☐093

die Internetseite　ウェブページ、ウェブサイト

☐094

der PC　　パソコン

☐095

die Tastatur　キーボード

☐096

die Taste　　（ピアノ・コンピューターなど の）キー

名詞

動詞

形容詞

副詞

その他

□097

der Affe サル

□098

die Ente カモ

□099

der Hase ノウサギ

□100

das Insekt 昆虫

□101

die Maus ネズミ

□102

die Mücke 蚊

□103

das Schaf 羊

□104

das Vieh 家畜

□105

der Ausgang　　　出口

□106

das Badetuch　　　バスタオル

□107

die Badewanne　　　湯船

□108

das Bettlaken　　　シーツ

□109

der Boden　　　地面、床

□110

der Briefkasten　　　ポスト

□111

das Dach　　　屋根

□112

der Eingang　　　入り口

□113

das Erdgeschoss　1階

□114

der Fahrstuhl　エレベーター

□115

der Flur　廊下

□116

die Garderobe　クローク、衣装掛け

□117

der Griff　取っ手

□118

der Hof　（建物に囲まれた）中庭

□119

der Kamin　暖炉

□120

der Keller　地下室

□121

das Kissen　　　クッション、枕

□122

die Klingel　　　呼び鈴

□123

der Lautsprecher　スピーカー

□124

der Lift　　　　エレベーター

□125

die Möbel　　　家具【通常複数形で】

□126

der Mülleimer　　ゴミバケツ

□127

der Notausgang　　非常口

□128

der Ofen　　　　ストーブ、オーブン

名詞　動詞　形容詞　副詞　その他

□129
der Schreibtisch　勉強机、事務机

□130
der Sessel　安楽椅子

□131
das Spülbecken　（台所の）流し

□132
das Toilettenpapier　トイレットペーパー

□133
das Tor　門

□134
der Vorhang　カーテン

□135
das Waschbecken　洗面台

□136
das Werkzeug　道具、工具

□137

der Bauernhof   農場

□138

der Biergarten   ビアガーデン

□139

die Bücherei   (小規模の)図書館

□140

die Burg   城

□141

die Fabrik   工場

□142

die Feuerwehr   消防隊

□143

die Fußgängerzone   歩行者天国

□144

die Gaststätte   飲食店

□145

der Gehweg　　歩道

□146

der Hauptbahnhof　中央駅

□147

die Hauptstraße　　メインストリート

□148

die Kantine　　社員食堂

□149

der Kiosk　　キオスク、売店

□150

die Kneipe　　居酒屋

□151

das Lokal　　飲食店

□152

das Pflegeheim　　介護ホーム

□153

das Reisebüro　　旅行代理店

□154

die Rezeption　　（ホテルの）フロント

□155

der Schalter　　窓口

□156

das Schaufenster　　ショーウインドー

□157

das Schwimmbad　　プール

□158

die Sporthalle　　体育館

□159

der Sportplatz　　運動場、競技場

□160

das Stadion　　スタジアム

☐161

der Stadtplan　　市街地図

☐162

der Stall　　家畜小屋

☐163

der Strand　　ビーチ

☐164

das Tal　　谷

☐165

die Tankstelle　　ガソリンスタンド

☐166

der Turm　　塔

☐167

das Ufer　　岸

☐168

die Werkstatt　　作業場

□169

der/die Bäcker/—in   パン屋（人）

□170

der Bauer/die Bäuerin   農民

□171

der Beamte/die Beamtin   公務員

□172

der/die Briefträger/—in   郵便配達人

□173

der/die Bundeskanzler/—in   連邦首相

□174

der/die Dichter/—in   詩人

□175

der/die Fahrer/—in   運転手

□176

der/die Fotograf/—in   写真家

□177

der/die Friseur/—in　美容師

□178

der Geschäftsmann/die Geschäftsfrau
実業家、ビジネスパーソン

□179

der/die Journalist/—in　ジャーナリスト

□180

der/die Krankenpfleger/—in　看護師

□181

der Kunde/die Kundin　顧客

□182

der/die Maler/—in　画家

□183

der/die Mechaniker/—in　機械工

□184

der/die Musiker/—in　音楽家

□185

der/die Politiker/——in 政治家

□186

der/die Polizist/——in 警察官

□187

der/die Präsident/——in 大統領

□188

der/die Reiseführer/——in 旅行ガイド

□189

der/die Sänger/——in 歌手

□190

der/die Schauspieler/——in 俳優

□191

der/die Schriftsteller/——in 作家

□192

der/die Verkäufer/——in 店員

□193

das Armband　　　ブレスレット

□194

die Baumwolle　　木綿

□195

die Bluse　　　　ブラウス

□196

der Faden　　　　糸

□197

das Leder　　　　革

□198

die Nadel　　　　針

□199

das Portmonee　　財布

□200

der Regenmantel　レインコート

□201

der Regenschirm 雨傘

□202

der Ring 指輪

□203

der Schmuck アクセサリー、飾り

□204

die Schnur ひも

□205

der Strumpf （膝までの）靴下、ストッキング

□206

die Strumpfhose タイツ

□207

die Unterwäsche 下着

□208

die Wolle ウール

名
詞

□209

der Abflug　　　　離陸

□210

der Abschluss　　終了

□211

die Absicht　　　意図

□212

die Angabe　　　申し立て

□213

der Anruf　　　　電話をかけること

□214

die Ansichtskarte　絵はがき

□215

die Anzeige　　　（新聞などに出す）広告・
　　　　　　　　　お知らせ

□216

der Apparat　　　装置、器具

□217

der Arbeitsplatz　　仕事場

□218

der Artikel　　（新聞・雑誌などの）記事

□219

der Aufenthalt　　滞在

□220

die Aufgabe　　課題、任務

□221

der Auftrag　　依頼、指示

□222

der Ausdruck　　表現

□223

die Ausgabe　　（書籍の）版、（新聞・雑誌などの）号

□224

die Auskunft　　情報

名詞

動詞

形容詞

副詞

その他

□225

der/die Ausländer/—in　外国人

□226

die Ausstellung　展覧会

□227

die Bedienung　サービス、給仕

□228

die Bedingung　条件

□229

der Bereich　領域、分野

□230

der Bericht　報告、報告書

□231

der Betrag　金額

□232

der Betrieb　企業、経営

☐233

die Bevölkerung   住民、人口

☐234

der Block   （石や木などの）塊

☐235

die Briefmarke   切手

☐236

der Deckel   ふた

☐237

die Demokratie   民主主義

☐238

die Demonstration デモ

☐239

das Denkmal   記念碑

☐240

das Dokument   （官公庁が発行する）文書

□241

die Dose   缶

□242

die Durchsage   アナウンス

□243

die Ecke   角、隅

□244

die Ehe   結婚

□245

die Ehre   名誉

□246

der Eintritt   入場、入会

□247

der Einwohner   住民

□248

das Ereignis   出来事

□249
das Ergebnis 結果

□250
die Erinnerung 思い出、記憶

□251
die Erklärung 説明

□252
das Erlebnis 体験

□253
die Ernte （農作物などの）収穫

□254
die Fahrt 走行

□255
die Farbe 色

□256
der/die Feind/—in 敵

名詞
動詞
形容詞
副詞
その他

□257

das Fest

祭、祝い

□258

das Feuerzeug

ライター

□259

die Figur

容姿

□260

der Fortschritt

進歩

□261

die Fortsetzung

続行、継続

□262

der/die Fremde

見知らぬ人

□263

das Fremdwort

外来語

□264

die Freude

喜び

□265

die Freundschaft　友情

□266

die Führung　案内

□267

die Garantie　保証

□268

der Gast　客

□269

das Gebiet　地域、分野

□270

die Gebrauchsanweisung　使用説明書

□271

die Geburt　出産、誕生

□272

die Geburtstagsparty　誕生日パーティー

名詞
動詞
形容詞
副詞
その他

☐273
die Gefahr
危険

☐274
das Gefühl
感覚、感情

☐275
das Geheimnis
秘密

☐276
die Genehmigung
許可、許可証

☐277
das Gepäck
手荷物

☐278
das Gerät
器具、装置

☐279
die Gerechtigkeit
正義、公平

☐280
das Gericht
料理、裁判所

□281

die Gesellschaft　社会

□282

das Gesetz　法律

□283

die Gesundheit　健康

□284

die Gewalt　暴力

□285

der Gewinn　利益

□286

das Gift　毒

□287

der Glaube　信念、信仰

□288

die Grenze　境界、国境

名詞

動詞

形容詞

副詞

その他

□289
der Grund　理由

□290
der Haushalt　世帯、家事

□291
die Heimat　故郷

□292
die Hitze　暑さ

□293
die Hochzeit　結婚式

□294
der Humor　ユーモア

□295
das Inland　国内

□296
die Jahreszeit　季節

□297

das Jahrhundert　世紀

□298

die Jugend　少年少女期

□299

der/die Jugendliche　青少年、ティーンエージャー

□300

der Kamm　櫛 ^{くし}

□301

die Kasse　レジ

□302

der Kasten　(固い材質の)四角い箱、ケース

□303

die Katastrophe　大災害

□304

die Kenntnisse　知識【通常複数形で】

名
詞

動
詞

形
容
詞

副
詞

そ
の
他

□305

das Klima　　　気候

□306

der Klub　　　クラブ

□307

die Kommunikation　コミュニケーション

□308

der Kompromiss　　妥協

□309

die Konferenz　　会議

□310

der Konflikt　　対立、争い

□311

der Kontakt　　（人と人との）接触、連絡

□312

die Kontrolle　　検査、コントロール

□313

der Krimi

推理小説

□314

die Krise

危機

□315

die Kritik

批判

□316

die Kurve

カーブ

□317

der Kuss

キス

□318

die Lage

状況、位置

□319

die Landschaft

風景

□320

der Lebenslauf

経歴、履歴書

名詞

□321
die Literatur
文学

□322
der Lohn
賃金

□323
die Lösung
解決、解答

□324
die Mannschaft
チーム

□325
die Maschine
機械

□326
die Mauer
壁

□327
die Mehrheit
大多数、過半数

□328
die Methode
方法

動詞

形容詞

副詞

その他

□329

die Minderheit　少数、少数派

□330

der/die Mitarbeiter/—in　従業員

□331

das Mitglied　メンバー、(団体の)構成員

□332

die Mitternacht　真夜中、午前0時

□333

der Mord　殺人

□334

der Müll　ごみ

□335

die Muttersprache　母語

□336

die Nachricht　ニュース、知らせ

名詞
動詞
形容詞
副詞
その他

□337

der Nachweis　　証明、立証

□338

die Nation　　国民、国家

□339

das Netz　　網、ネット

□340

die Neuigkeit　　ニュース、新情報

□341

die Not　　困窮

□342

die Öffnungszeit　　開館時間、営業時間

□343

das Opfer　　犠牲、犠牲者

□344

das Orchester　　オーケストラ

☐345

die Organisation　組織

☐346

der Ort　場所

☐347

das Paar　一対、カップル

☐348

die Papiere　身分証明書【通常複数形で】

☐349

das Plakat　ポスター

☐350

die Portion　（料理の）1人前

☐351

das Produkt　生産物

☐352

der Protest　抗議

名詞

動詞

形容詞

副詞

その他

□353
das Publikum　観衆、聴衆

□354
die Puppe　人形

□355
die Reform　改革

□356
die Religion　宗教

□357
die Reparatur　修理

□358
das Resultat　結果

□359
der Roman　(長編)小説

□360
die Ruhe　休息

☐361

die Rundfahrt　　周遊、遊覧

☐362

die Saison　　シーズン

☐363

das Schach　　チェス

☐364

die Schachtel　　箱

☐365

der Schaden　　損害、被害

☐366

der Schatten　　影

☐367

das Schild　　表示板、看板

☐368

der Schluck　　（飲み物の）1口分

名詞

動詞

形容詞

副詞

その他

□369

die Schraube　　　ねじ

□370

die Schrift　　　筆跡、字体

□371

die Schulden　　　借金【通常複数形で】

□372

die Sehenswürdigkeit　名所

□373

die Selbstbedienung　セルフサービス

□374

die Sicherheit　　　安全

□375

der Sitz　　　座席、座る場所

□376

der Sitzplatz　　　座席

□377

das Sonderangebot　特売品

□378

das Souvenir　　　土産

□379

die Speise　　　　料理

□380

die Spezialität　　名物、特産品

□381

das Spielzeug　　　おもちゃ

□382

die Sprechstunde　（大学の先生・弁護士などとの）面会時間、診察時間

□383

der Staat　　　　　国家

□384

der Stehplatz　　　立ち見席

□385

die Stelle　　　　場所、職、立場

□386

der Stempel　　　スタンプ

□387

die Steuer　　　　税

□388

die Stimmung　　気分、雰囲気

□389

der Stock　　　　（建物の）階

□390

die Strafe　　　　罰、罰金

□391

die Strecke　　　道のり、区間

□392

das Streichholz　マッチ

□393

der Streik　　　ストライキ

□394

der Streit　　　争い

□395

der Strom　　　(大きい)川、電流

□396

das Studium　　　大学での勉強、研究

□397

die Stufe　　　(階段などの)段、段階

□398

das System　　　システム、体系

□399

der Tanz　　　ダンス

□400

die Tatsache　　　事実

□401
die Technik 技術

□402
der Teil 部分

□403
der/die Teilnehmer/—in 参加者

□404
die Temperatur 温度

□405
der Titel 題名、肩書き

□406
der/die Tote 死者

□407
der Tropfen しずく 滴

□408
der Typ 型、タイプ

□409

die Überraschung （予期しないことでの）驚き

□410

die Übersetzung 翻訳

□411

die Überstunde 残業

□412

die Umgebung 周辺の地域

□413

der Unfall 事故

□414

das Unglück 大きな事故、不幸

□415

der Unterschied 違い

□416

die Unterschrift 署名

名詞

動詞

形容詞

副詞

その他

☐417
die Unterstützung　援助

☐418
die Urkunde　　　公的文書

☐419
die Verabredung　会う約束

☐420
die Veranstaltung　催し

☐421
die Verantwortung 責任

☐422
die Verbindung　　結びつき、(人との)関係

☐423
der Verein　　　　会、クラブ

☐424
der Verkehr　　　交通

☐425

die Versammlung　集会

☐426

die Versicherung　保険

☐427

das Volk　　　　民族、国民

☐428

der Vorschlag　　提案

☐429

die Wahrheit　　真実

☐430

die Wäsche　　　洗濯物

☐431

die Weise　　　　やり方

☐432

der Weltkrieg　　世界大戦

名詞

動詞

形容詞

副詞

その他

☐433

die Werbung　宣伝

☐434

die Wirklichkeit　現実

☐435

die Wirtschaft　経済

☐436

der Wohnort　居住地

☐437

das Zeichen　合図

☐438

die Zeichnung　スケッチ

☐439

die Zeile　行

☐440

das Zelt　テント

□441

das Zentrum　　中心

□442

das Zeugnis　　証明書

□443

die Zukunft　　未来

□444

die Zusammenfassung　要約

□445

der Zuschlag　　割増料金

□446

der Zweck　　目的

□447

der Zweifel　　疑い

□448

der Zweig　　枝

Memo

動 詞

＊ 赤数字は、音声のトラック番号です

名詞

動詞

形容詞

副詞

その他

□449

abbiegen　　　曲がる

□450

abfliegen　　　飛び立つ

□451

abheben　　　お金を下ろす、
　　　　　　　（持ち上げて）外す

□452

abnehmen　　　減量する

□453

abschleppen　　（故障した車などを）引っ張っ
　　　　　　　　ていく

□454

abschließen　　鍵をかける

□455

abstellen　　　（荷物などを）下に置く

□456

abstimmen　　　採決する

Biegen Sie an der nächsten Ampel nach links ab!

次の信号を左に曲がってください。

Unser Flieger ist pünktlich abgeflogen.

私たちの乗った飛行機は定刻に飛び立ちました。

Ich muss Geld abheben.

お金を下ろさなきゃ。

Der Arzt hat mir geraten, abzunehmen.

医者が私に痩せるように忠告しました。

Mein Auto wurde abgeschleppt.

私の車は引いていかれました。

Hast du die Tür abgeschlossen?

ドアに鍵をかけた？

Ihre Sachen können Sie auf dem Boden abstellen.

お荷物は床に置けます。

Wir werden darüber mit Ja oder Nein abstimmen.

私たちはそれについてイエスかノーで採決します。

名詞

動詞

形容詞

副詞

その他

□457
anbieten
提供する

□458
anhaben
着ている

□459
ankündigen
予告する

□460
anmelden
申請する

□461
anprobieren
試着する

□462
anschauen
じっくり見る

□463
anschnallen
シートベルトを締める

□464
ansehen
じっくり見る

Sie hat ihm ihre Hilfe angeboten.

彼女は彼に手助けを申し出ました。

Das Mädchen hat rote Schuhe an.

その女の子は赤い靴を履いています。

Der Rücktritt des Bürgermeisters wurde angekündigt.

市長の辞任が前もって知らされました。

Ich möchte mich zum Seminar anmelden.

セミナーに申し込みたいのですが。

Kann ich diese Schuhe anprobieren?

この靴を試着してもいいですか？

Sie hat sich lange im Spiegel angeschaut.

彼女は長いこと鏡の中の自分の姿を見つめていました。

Bitte schnallen Sie sich auch während des Flugs an.

飛行中もシートベルトをお締めください。

Wir haben uns die Ausstellung angesehen.

私たちはその展覧会をじっくり見ました。

名詞

動詞

形容詞

副詞

その他

□465
anstellen
雇用する

□466
anziehen
服を着る

□467
aufgeben
やめる、あきらめる

□468
aufheben
取っておく、拾い上げる

□469
auflegen
上に置く

□470
ausfüllen
記入する

□471
ausgeben
支出する

□472
ausleihen
貸し出す

Seit Juni bin ich bei dieser Firma angestellt.

6月から私はこの会社に雇われています。

Draußen ist es kalt. Zieh dich warm an!

外は寒いよ。暖かい服装をしなさい！

Er kann das Rauchen nicht aufgeben.

彼はたばこをやめられません。

Diese Ansichtskarte hebe ich zur Erinnerung auf.

この絵はがきは思い出に取っておきます。

Leg bitte eine neue Tischdecke auf!

新しいテーブルクロスを掛けて！

Bitte füllen Sie das Formular aus!

この申込用紙に記入してください。

Mein Mann gibt zu viel Geld für Autos aus.

夫は車にお金を使いすぎます。

Ich habe ihm meine DVDs ausgeliehen.

私は彼に自分のDVDを貸しました。

☐473

ausmachen　取り決める、
（火・電灯などを）消す

☐474

auspacken　中身を出す

☐475

ausrufen　大声で知らせる

☐476

ausschalten　スイッチを切る

☐477

aussehen　（～のように）見える

☐478

ausstellen　陳列する

☐479

auswählen　選び出す

☐480

ausziehen　脱ぐ

CHECK-3

Wir müssen einen neuen Termin ausmachen.

私たちは新しい日時を決めなければいけません。

Nach der Reise packe ich sofort den Koffer aus.

旅行の後、すぐにスーツケースの中身を出します。

Am Flughafen wurde mein Name ausgerufen.

空港で私の名前がアナウンスされました。

Hast du die Klimaanlage ausgeschaltet?

エアコンのスイッチ切った？

Du siehst gut aus.

元気そうだね。

Die neuen Waren sind im Schaufenster ausgestellt.

新しい商品がショーウインドーに並べられています。

Wählen Sie bitte eine Karte aus!

カードを1枚選んでください。

Bitte ziehen Sie hier die Schuhe aus!

ここで靴を脱いでください。

名詞

動詞

形容詞

副詞

その他

□481
basteln
（趣味で）工作をする

□482
befehlen
命令する

□483
begegnen
（偶然に）出会う

□484
begeistern
感激させる

□485
begleiten
同行する

□486
begründen
理由を述べる

□487
beißen
<ruby>噛<rt>か</rt></ruby>む

□488
beleidigen
侮辱する

Mein Sohn bastelt gern.

息子は工作をするのが好きです。

Der Chef hat uns befohlen, schneller zu arbeiten.

上司は私たちに、もっと速く仕事をするように命令しました。

Im Zug bin ich meiner Lehrerin begegnet.

電車で先生にばったり出会いました。

Die Sängerin hat die Zuschauer begeistert.

その歌手は観衆を感激させました。

Soll ich Sie nach Hause begleiten?

お宅までお送りしましょうか？

Begründen Sie bitte diese Ausgaben!

この出費の理由を説明してください。

Keine Sorge! Der Hund beißt nicht.

心配しないで！ その犬は噛まないよ。

Ihr Benehmen hat mich schwer beleidigt.

彼女の態度が私をひどく侮辱しました。

☐489

bemerken　　　気付く

☐490

beobachten　　　観察する

☐491

beraten　　　助言する

☐492

berühren　　　触れる

☐493

besichtigen　　　見学する

☐494

besprechen　　　話し合う

☐495

bestehen　　　合格する

☐496

bewegen　　　動かす

Ich habe einen Fehler im Text bemerkt.

文章中に間違いが1つあるのに気付きました。

Er beobachtet gern Vögel.

彼は鳥を観察するのが好きです。

Ich lasse mich vom Arzt beraten.

私は医者に助言を求めます。

Bitte nicht berühren!

触らないでください！

Morgen besichtigen wir die Altstadt.

明日は旧市街を見学します。

Wie es weitergeht, müssen wir noch besprechen.

これから先どうなるか、まだ話し合わなければいけません。

Sie hat die Prüfung für das Stipendium bestanden.

彼女は奨学金のための試験に合格しました。

Er kann sprechen, ohne die Lippen zu bewegen.

彼は唇を動かさずに話すことができます。

名詞

動詞

形容詞

副詞

その他

□497

binden

結ぶ、結んで作る

□498

blasen

風が強く吹く

□499

bluten

出血する

□500

braten

焼く、揚げる、炒める

□501

bremsen

ブレーキをかける

□502

buchen

予約する

□503

darstellen

（絵などで）表す、（言葉で）
描写する

□504

demonstrieren

デモをする

Ich binde Blumen zu einem Blumenstrauß.

私は花を花束にします。

Heute bläst der Wind stark.

今日は風が強く吹いています。

Der Verletzte blutete im Gesicht.

負傷者は顔から出血していました。

Das Fleisch wird knusprig gebraten.

肉はカリカリになるまで焼きます。

Ich konnte noch rechtzeitig bremsen.

私はぎりぎりでブレーキをかけることができました。

Für den Urlaub habe ich einen Flug gebucht.

休暇のために飛行機を予約しました。

Das Bild stellt meine Kindheitserinnerung dar.

この絵は私の子どもの頃の思い出を表しています。

Wir demonstrieren für mehr Gehalt.

私たちは給料アップのためにデモをします。

□505

dienen

役に立つ

□506

diskutieren

議論する

□507

duzen

duで呼びかける

□508

einatmen

息を吸い込む

□509

einführen

導入する

□510

einpacken

包む

□511

einschalten

スイッチを入れる

□512

einzahlen

払い込む

Regelmäßiger Sport dient der Gesundheit.

定期的なスポーツは健康に良いです。

Wir haben stundenlang über das Problem diskutiert.

私たちはその問題について何時間も議論しました。

Die beiden duzen sich noch nicht.

その2人はまだお互いをduで呼んでいません。

Atmen Sie tief ein!

息を深く吸ってください。

Morgen führen wir ein neues System ein.

明日、新システムを導入します。

Ich packe das Geschenk ein.

私はプレゼントを包みます。

Schalte bitte den Fernseher ein!

テレビをつけて！

Mein Vater hat 1000 Euro auf mein Konto eingezahlt.

父が私の口座に1000ユーロ払い込んでくれました。

□513

einziehen　　入居する、引っ越す

□514

entdecken　　発見する

□515

enthalten　　含んでいる

□516

entscheiden　　決める

□517

entstehen　　生じる

□518

enttäuschen　　失望させる

□519

erfahren　　（聞いて・読んで）知る、経験する

□520

erlauben　　許可する

Wir ziehen nächste Woche in die neue Wohnung ein.

私たちは来週、新しい住まいに入居します。

Wer hat Amerika entdeckt?

誰がアメリカを発見しましたか？

Dieses Getränk enthält kein Koffein.

この飲み物はカフェインを含んでいません。

Ich kann mich nicht für eine Tasche entscheiden.

1つのバッグに決められません。

Letzte Woche sind zwei Taifune entstanden.

先週、台風が2つ発生しました。

Das Verhalten meiner Tochter hat mich enttäuscht.

娘の行動は私をがっかりさせました。

Von dem Unfall habe ich erst jetzt erfahren.

その事故について今初めて知りました。

Der Arzt erlaubt ihm noch keinen Alkohol.

医者は彼にまだお酒を許可していません。

□521

erleben　　　　　体験する

□522

ernähren　　　　　養う

□523

erreichen　　　　　到達する

□524

ertragen　　　　　耐える

□525

erwarten　　　　　待ち望む

□526

erziehen　　　　　育てる、教育する

□527

feiern　　　　　祝う

□528

festhalten　　　　　しっかりとつかんでいる

In Berlin habe ich viel Interessantes erlebt.

ベルリンでは興味深いことをたくさん体験しました。

Sie muss alleine ihre Familie ernähren.

彼女は1人で家族を養わなければいけません。

Das Dorf kann man nur mit einem Auto erreichen.

その村へは車でしかたどりつけません。

Diese Hitze kann ich nicht mehr ertragen.

この猛暑にはこれ以上耐えられません。

Ich erwarte Sie morgen um 11 Uhr in meinem Büro.

明日11時に私のオフィスでお待ちしております。

Er wurde von seinen Großeltern erzogen.

彼は祖父母に育てられました。

Wir feiern den 80. Geburtstag unseres Großvaters.

祖父の80歳の誕生日をお祝いします。

Mein Baby hält meinen Finger fest.

私の赤ちゃんが私の指をつかんで離しません。

□529

fordern

要求する

□530

fressen

（動物が）食べる

□531

frieren

寒がる

□532

frisieren

髪形を整える

□533

füllen

満たす

□534

füttern

餌を与える

□535

gelingen

うまくいく

□536

gewinnen

勝つ

Wir forderten eine Erklärung von der Firma.

私たちは会社に説明を求めました。

Was fressen Pferde überhaupt?

馬はいったい何を食べるの？

Auf der Skipiste habe ich gefroren.

ゲレンデでは寒くて震えました。

Als Kind hat mich immer meine Mutter frisiert.

子どもの頃はいつも母が私の髪を整えてくれました。

Die Säcke wurden mit Sand gefüllt.

袋は砂でいっぱいに満たされました。

Bitte nicht die Tiere füttern!

動物に餌を与えないでください。

Zum ersten Mal ist mir die Sachertorte gelungen.

初めてザッハートルテが上手にできました。

Wir haben das Spiel gegen Deutschland gewonnen.

私たちはドイツとの試合に勝ちました。

名詞
動詞
形容詞
副詞
その他

□537

gießen　　水をやる、〜に注ぐ

□538

grillen　　バーベキューをする、（肉・魚を）焼く

□539

gründen　　設立する

□540

heben　　持ち上げる

□541

herstellen　　生産する、製造する

□542

hinlegen　　横にする

□543

hinsetzen　　座らせる

□544

husten　　咳をする

Meine Mutter gießt jeden Morgen die Blumen.

母が毎朝花に水をやります。

Im Sommer wird in Deutschland oft gegrillt.

夏にドイツではよくバーベキューをします。

Diese Firma wurde 1905 gegründet.

この会社は1905年に設立されました。

Es ist unmöglich, diesen Koffer alleine zu heben.

このスーツケースを1人で持ち上げることは不可能です。

Dieses Kleid wurde in Italien hergestellt.

このワンピースはイタリア製です。

Mir ist schlecht. Ich möchte mich hinlegen.

気分が悪いです。横になりたいです。

Setz dich ordentlich hin!

ちゃんと座りなさい！

Seit gestern hustet er ständig.

昨日から彼は絶えず咳をしています。

名詞

動詞

形容詞

副詞

その他

□545

kämmen　　　　　髪をとかす

□546

kämpfen　　　　　戦う

□547

kleben　　　　　貼り付ける

□548

klingen　　　　　鳴る、〜のように聞こえる

□549

kontrollieren　　　　検査する、管理する

□550

kriegen　　　　　もらう

□551

landen　　　　　着陸する

□552

lassen　　　　　〜させる

Als Kind hat mich immer meine Mutter gekämmt.

子どもの頃はいつも母が私の髪をとかしてくれました。

Morgen kämpfen wir gegen eine starke Mannschaft.

明日、私たちは強いチームと戦います。

Die Plakate sind an die Wand geklebt worden.

ポスターは壁に貼られました。

Um 12 Uhr klingen die Kirchenglocken.

12時に教会の鐘が鳴ります。

Hier werden die Reisepässe kontrolliert.

ここでパスポートが検査されます。

Sie hat von der Oma Taschengeld gekriegt.

彼女はおばあちゃんからお小遣いをもらいました。

Die Maschine ist pünktlich in Wien gelandet.

飛行機は定刻にウィーンに着陸しました。

Ich lasse meinen Mann die Wohnung putzen.

私は夫に家を掃除させます。

名詞
動詞
形容詞
副詞
その他

□553

leihen

貸す

□554

leiten

率いる

□555

lösen

解決する

□556

markieren

印を付ける

□557

merken

気付く

□558

mischen

混ぜる

□559

mitbringen

持ってくる

□560

mitteilen

知らせる

Kannst du mir bitte dein Wörterbuch leihen?

あなたの辞書を貸してくれる？

Ein Student aus Japan leitet dieses Projekt.

1人の日本人学生が、このプロジェクトのリーダーです。

Das Problem ist nicht leicht zu lösen.

この問題は簡単には解決できません。

Die Lehrerin hat wichtige Stellen rot markiert.

先生は重要な箇所に赤で印を付けました。

Ich habe sofort gemerkt, dass etwas nicht stimmt.

何か変だとすぐに気付きました。

Wenn man Rot und Blau mischt, wird es zu Lila.

赤と青を混ぜると紫になります。

Was soll ich zur Party mitbringen?

パーティーに何を持って行ったらいい？

Den Termin teile ich Ihnen später per E-Mail mit.

期日は後ほどメールでお知らせします。

□561

nennen

名付ける

□562

notieren

メモする

□563

nützen

役に立つ

□564

operieren

手術する

□565

organisieren

（企画して）準備する、
組織する

□566

packen

荷造りする

□567

passieren

起こる

□568

pflegen

世話をする、面倒を見る

Er nannte seinen Sohn Alexander.

彼は息子をアレクサンダーと名付けました。

Ich notiere alles in diesem Notizbuch.

私は何でもこの手帳にメモします。

Das tägliche Training hat ihm genützt.

毎日のトレーニングが彼の役に立ちました。

Ich werde nächste Woche operiert.

私は来週、手術を受けます。

Wer organisiert den Ausflug nächster Woche?

誰が来週の遠足の計画を立てるのですか？

Ich muss noch den Koffer packen.

まだこれからスーツケースに荷物を詰めなくてはいけません。

Vor einer Woche ist hier ein Unfall passiert.

1週間前にここで事故が起きました。

Ich muss meine Großmutter pflegen.

私は祖母の面倒を見なければいけません。

□569
prüfen
検査する

□570
rasieren
（ひげを）剃る

□571
regieren
支配する、統治する

□572
reparieren
修理する

□573
retten
救う

□574
riechen
においがする

□575
schauen
見る

□576
schieben
押して動かす

Wir prüfen die Qualität unserer Waren.

私たちの商品の品質を検査します。

Ich lasse mir beim Friseur den Bart rasieren.

私は床屋でひげを剃ってもらいます。

Ein junger König regierte dieses Land.

若い王がこの国を支配していました。

Ich lasse mein Fahrrad reparieren.

私は自転車を修理に出します。

Er hat mir das Leben gerettet.

彼が私の命を救ってくれました。

Es riecht hier nach Gas.

この辺ではガスのにおいがします。

Bei der Begrüßung soll man sich in die Augen schauen.

あいさつするときは(相手の)目を見るべきです。

Ich schiebe den Kinderwagen.

私はベビーカーを押しています。

□577

schießen　　撃つ

□578

schreien　　叫ぶ

□579

schütten　　（液体・粉を）こぼす、
　　　　　　　ざっとあける

□580

schwitzen　　汗をかく

□581

siegen　　勝つ

□582

siezen　　Sieで呼びかける

□583

sinken　　沈む

□584

speichern　　（データを）保存する

Die Jäger schießen Hasen und Rehe.

狩人たちがノウサギやシカを仕留めます。

Das Baby schreit vor Hunger.

赤ん坊が空腹のあまり大声で泣いています。

Ich habe Kaffee über meine Hose geschüttet.

私はコーヒーをズボンにこぼしました。

Beim Laufen habe ich am ganzen Körper geschwitzt.

ランニングの際に全身に汗をかきました。

Deutschland hat mit 2:0 gesiegt.

ドイツは2対0で勝ちました。

Die beiden siezen sich noch.

その2人はまだお互いをSieで呼んでいます。

Im Indischen Ozean ist ein Schiff gesunken.

インド洋で1隻の船が沈没しました。

Hast du die Daten gespeichert?

データを保存した？

□585

springen　　　　跳ぶ

□586

spülen　　　　すすぐ

□587

spüren　　　　(感覚器官で)感じる

□588

stechen　　　　刺す

□589

stecken　　　　差し込む

□590

stehlen　　　　盗む

□591

stoßen　　　　突く

□592

streicheln　　　　なでる

Der Athlet kann sehr weit springen.

その選手は非常に遠くへ跳ぶことができます。

Bitte spülen Sie das Geschirr gründlich!

食器を徹底的にすすいでください。

Sie spürte einen leichten Schmerz im Rücken.

彼女は背中に軽い痛みを感じました。

Eine Mücke hat mich gestochen.

蚊が私を刺しました。

Stecken Sie den Stecker vorsichtig in die Steckdose!

気を付けてプラグをコンセントに差し込んでください。

Mein Reisepass wurde gestohlen.

私のパスポートが盗まれました。

Ich habe mir den Kopf an der Tür gestoßen.

私は頭をドアにぶつけました。

Er hat die Katze liebevoll gestreichelt.

彼はネコをやさしくなでました。

□593

streiken　　　ストライキをする

□594

streiten　　　けんかをする、争う

□595

tanken　　　給油する

□596

töten　　　殺す

□597

trainieren　　　トレーニングする

□598

transportieren　　　輸送する

□599

träumen　　　夢を見る

□600

treiben　　　(仕事、スポーツなどを)する

名詞

動詞

形容詞

副詞

その他

Die Arbeiter streiken für höhere Löhne.

労働者たちは賃上げを求めてストライキをしています。

Die beiden streiten sich immer.

その2人はいつもけんかをしています。

Heute habe ich 25 Liter getankt.

今日、25リットル給油しました。

Der Täter hat seinen Nachbarn mit Gift getötet.

犯人は隣の家の人を毒殺しました。

Er trainiert viermal pro Woche.

彼は週に4回トレーニングしています。

Diese Waren transportieren wir nach Europa.

これらの商品はヨーロッパへ輸送します。

Heute Nacht habe ich schlecht geträumt.

昨夜、私は悪い夢を見ました。

Es ist gesund, regelmäßig Sport zu treiben.

定期的にスポーツをすることは健康的です。

名詞

動詞

形容詞

副詞

その他

□601

trennen　　　　別れる、分ける

□602

trocknen　　　　乾かす、乾く

□603

überholen　　　追い越す

□604

überweisen　　　送金する

□605

umziehen　　　引っ越す、着替える

□606

unterstützen　　援助する

□607

untersuchen　　調べる

□608

verändern　　　変える

Gestern haben wir uns vor dem Bahnhof getrennt.

昨日、私たちは駅の前で別れました。

Ich trockne mir die Haare mit dem Föhn.

私はドライヤーで髪を乾かします。

Ein Sportwagen hat uns überholt.

1台のスポーツカーが私たちを追い越していきました。

Ich überweise am 1. des Monats die Miete.

私は毎月1日に家賃を振り込みます。

Nächsten Monat ziehen wir nach Freiburg um.

来月、私たちはフライブルクに引っ越します。

Er wird von seinen Eltern finanziell unterstützt.

彼は両親から経済的に援助を受けています。

Die Unfallursache wird noch untersucht.

事故原因はさらに調査されます。

Dieses Erlebnis hat mein Leben sehr verändert.

この経験が私の人生を大きく変えました。

名詞
動詞
形容詞
副詞
その他

□609

verbessern　　　改善する

□610

verbinden　　　つなぐ

□611

verbreiten　　　広める

□612

verbringen　　　過ごす

□613

verdienen　　　稼ぐ

□614

vergehen　　　過ぎ去る

□615

verirren　　　道に迷う

□616

verlangen　　　要求する

Ich möchte mein Deutsch verbessern.

私はドイツ語が上手になりたいです。

Eine Brücke verbindet die Insel mit dem Festland.

1本の橋がその島と本土をつないでいます。

Das Gerücht hat sich in der ganzen Stadt verbreitet.

その噂は町中に広まりました。

Jedes Jahr verbringen wir den Urlaub in Italien.

毎年私たちはイタリアで休暇を過ごします。

Wie viel verdienst du pro Monat?

ひと月あたりどのぐらい稼いでいるの？

Wie schnell die Zeit vergeht!

時が過ぎるのはなんて早いのだ！

Die Touristen verirren sich oft.

観光客はよく道に迷います。

Ich verlange von Ihnen eine Erklärung.

あなたに説明を求めます。

□617
verletzen　負傷させる

□618
verlieren　紛失する

□619
vermieten　賃貸する

□620
verpassen　(機会などを)逃す

□621
verreisen　旅行に出る

□622
vertrauen　信頼する

□623
verursachen　原因となる

□624
vorbeikommen　通りかかる

Ich habe mich am Kopf verletzt.

私は頭を負傷しました。

Ich habe den Wohnungsschlüssel verloren.

私は家の鍵をなくしました。

Wir vermieten das Ferienhaus an Freunde.

私たちは別荘を友人たちに賃貸します。

Heute Morgen habe ich den Zug verpasst.

私は今朝、電車に乗り遅れました。

Mein Mann ist zur Zeit geschäftlich verreist.

夫は今、仕事で旅に出ています。

Ich vertraue ihm jeder Zeit.

私はいつでも彼のことを信頼しています。

Heftiger Schnee verursachte das Verkehrschaos.

激しい雪が交通の大混乱を引き起こしました。

Ich komme jeden Tag am Park vorbei.

毎日、公園の前を通ります。

□625
wandern
ハイキングをする

□626
wecken
起こす

□627
wegwerfen
(投げ)捨てる

□628
wehtun
痛む

□629
wischen
拭き取る

□630
zeichnen
スケッチする

□631
zusammenfassen
要約する

□632
zuschicken
送付する

Wir gehen oft wandern.

私たちはよくハイキングに行きます。

Weck mich morgen bitte um 5 Uhr!

明日、5時に起こして！

Die alten Sachen da kannst du wegwerfen.

そこにある古いものは捨てていいですよ。

Der Kopf tut mir weh.

頭が痛みます。

Bitte wisch den Staub vom Tisch!

テーブルのほこりを拭き取って！

Er kann gut zeichnen.

彼はスケッチが上手です。

Dieser Text muss noch zusammengefasst werden.

この文章はまだ要約する必要があります。

Könnten Sie mir Broschüren zuschicken?

パンフレットを送っていただけますか？

Memo

* 赤数字は、音声のトラック番号です

☐633
arbeitslos
無職の

☐634
ausführlich
詳しい

☐635
bar
現金の

☐636
behindert
(心身に)障がいのある

☐637
bekannt
有名な

☐638
berühmt
有名な

☐639
betrunken
酔っ払った

☐640
bewölkt
(空が)曇っている

Meine Eltern sind momentan arbeitslos.

私の両親は現在、失業中です。

Vielen Dank für die ausführlichen Informationen!

詳しい情報をありがとうございます。

Ich zahle in bar.

現金で払います。

Er ist körperlich behindert.

彼は体に障がいがあります。

Der Mann dort ist ein bekannter Maler.

あそこにいる男性は有名な画家です。

Die Frau dort ist eine berühmte Schauspielerin.

あそこにいる女性は有名な俳優(女優)です。

Nach der Party waren viele Leute betrunken.

パーティーの後、大勢の人が酔っ払っていました。

Es ist heute bewölkt und sehr kalt.

今日は曇っていて、とても寒いです。

□641

bitter

苦い

□642

blind

盲目の

□643

böse

怒っている、悪い

□644

bunt

カラフルな

□645

demokratisch

民主主義の

□646

doppelt

2倍の

□647

dringend

緊急の

□648

durchschnittlich

平均の

Ich mag lieber bittere Schokolade.

私は苦いチョコレートの方が好きです。

Sie ist auf dem rechten Auge blind.

彼女は右目が見えません。

Ich bin noch böse auf ihn.

私はまだ彼に腹を立てています。

Ich brauche einen bunten Stoff für ein Kleid.

ワンピースを作るためにカラフルな布が必要です。

Deutschland ist ein demokratischer Staat.

ドイツは民主主義国家です。

Dieses Sofa kostet doppelt so viel wie das andere.

このソファはもう1つの(ソファの)倍の値段がします。

Ich bin total fertig und brauche dringend Urlaub.

私はすっかりヘトヘトで、すぐにも休暇が必要です。

Die durchschnittliche Tiefe ist ungefähr 1,5 Meter.

平均の深さは約1.5メートルです。

□649

echt

本物の

□650

eigen

自分自身の

□651

elektrisch

電気による

□652

entfernt

遠く離れた

□653

erfahren

熟練の

□654

fair

フェアな、公明正大な

□655

feige

臆病な

□656

fett

脂っこい

Diese Handtasche ist aus echtem Leder.

このハンドバッグは本革製です。

Ich habe zu Hause kein eigenes Zimmer.

私は家に自分の部屋がありません。

Ich verwende eine elektrische Zahnbürste.

私は電動歯ブラシを使用しています。

Mainz liegt nicht so weit entfernt von Frankfurt.

マインツはフランクフルトからそんなに遠く離れていません。

Ein erfahrener Handwerker hat diese Uhr repariert.

熟練の職人がこの時計を修理しました。

Man soll zu anderen fair sein.

人は他の人に対してフェアであるべきです。

Er ist ein feiger Kerl.

彼は臆病なやつです。

Dieses Fleisch ist sehr fett.

この肉はとても脂っこいです。

名詞

動詞

形容詞

副詞

その他

□657

feucht　　　　　　湿った

□658

flach　　　　　　　平らな

□659

fließend　　　　　流ちょうな

□660

folgend　　　　　次の、以下の

□661

gefährlich　　　　危険な

□662

gemeinsam　　　共通の

□663

gemütlich　　　　居心地の良い

□664

gerade　　　　　　まっすぐな

Wisch den Boden mit einem feuchten Lappen!

床を濡れ雑巾で拭いて！

Das Gelände um das Haus ist flach.

家の周りの地形は平らです。

Meine Schwester spricht fließend Spanisch.

姉／妹は流ちょうにスペイン語を話します。

Bitte lesen Sie Seite 28 und die folgenden Seiten!

28ページ以下を読んでください。

Hier ist eine sehr gefährliche Gegend.

ここは非常に危険な地域です。

Sie ist unsere gemeinsame Freundin.

彼女は私たちの共通の友人です。

Meine neue Wohnung ist sehr gemütlich.

私の新居はとても居心地が良いです。

Fast alle Straßen in Kyoto verlaufen gerade.

京都の通りはほとんど全てまっすぐに走っています。

名詞
動詞
形容詞
副詞
その他

□665

gerecht　　　　公正な

□666

geschieden　　離婚した

□667

glatt　　　　　つるつるした

□668

gleich　　　　　同じ

□669

gültig　　　　　有効な

□670

günstig　　　　好都合な、手頃な

□671

häufig　　　　　たびたびの

□672

heftig　　　　　激しい

Die Richter sollen ein gerechtes Urteil fällen.

裁判官は公正な判決を下すべきです。

Meine Eltern sind seit vier Monaten geschieden.

私の両親は4カ月前に離婚しました。

Achtung: Die Straßen sind sehr glatt.

気を付けて！　道路がとても滑りやすいです。

Man kann nicht zur gleichen Zeit an zwei Orten sein.

同時刻に2つの場所にいることはできません。

Die Preise sind gültig bis Ende des Monats.

この値段は月末まで有効です。

In diesem Supermarkt kann man günstig einkaufen.

このスーパーではお得に買い物ができます。

Er vergisst häufig die Hausaufgaben.

彼はたびたび宿題を忘れます。

Nach dem heftigen Regen wurde es deutlich kühler.

激しい雨が降った後、明らかに涼しくなりました。

名詞 動詞 形容詞 副詞 その他

□673

höflich

礼儀正しい

□674

klassisch

古典的な、古典の

□675

komisch

奇妙な、滑稽な

□676

kostenlos

無料の

□677

kritisch

批判的な

□678

kühl

冷たい、涼しい

□679

künstlich

人工の

□680

lebendig

生きている、活気のある

Er ist zu allen höflich.

彼はあらゆる人に対して礼儀正しいです。

Ich höre oft klassische Musik.

私はよくクラシック音楽を聴きます。

Gestern ist mir etwas Komisches passiert.

昨日私に奇妙なことが起こりました。

Die Teilnahme an diesem Seminar ist kostenlos.

このセミナーへの参加は無料です。

Zu diesem Thema gibt es kritische Kommentare.

このテーマについては批判的なコメントがあります。

Dieses Jahr hatten wir einen kühlen Sommer.

今年は涼しい夏でした。

Wir verwenden künstliche Blumen oft als Dekoration.

私たちは造花をよく飾りに使います。

Heute Morgen war der Mann noch lebendig.

今朝、その男性はまだ生きていました。

名詞
動詞
形容詞
副詞
その他

□681

ledig　　　　　　独身の

□682

männlich　　　　男性の

□683

mild　　　　　　寛大な、穏やかな

□684

militärisch　　　軍の

□685

möbliert　　　　家具付きの

□686

mündlich　　　　口頭での

□687

mutig　　　　　　勇敢な

□688

nackt　　　　　　裸の

Heutzutage bleiben viele Menschen ledig.

今日では多くの人が独身のままでいます。

Unsere Familie hat keine männlichen Erben.

うちの家族には男の跡継ぎがいません。

Der Richter hat ein mildes Urteil gefällt.

裁判官は寛大な判決を下しました。

Er hat eine militärische Ausbildung absolviert.

彼は軍事訓練を終えています。

Ich möchte eine möblierte Wohnung mieten.

家具付きの住居を借りたいです。

Ich habe morgen eine mündliche Prüfung.

明日、口述試験があります。

Die Helden aus den Märchen sind immer mutig.

童話の英雄はいつも勇敢です。

Mein kleiner Sohn läuft im Sommer oft nackt herum.

私の小さい息子は夏によく裸で走り回っています。

□689	national	国民の、国内の
□690	neugierig	好奇心の強い
□691	normal	普通の
□692	öffentlich	公共の
□693	offiziell	公式の
□694	pauschal	ひとまとめの
□695	perfekt	完璧な
□696	persönlich	個人の

名詞

動詞

形容詞

副詞

その他

Das ist ein nationales Problem.

これは国家の問題です。

Seine Worte machten mich neugierig.

彼の言葉は私の好奇心をそそりました。

Wie ist ein normaler Tagesablauf in Japan?

日本の普通の1日の流れはどんな感じですか？

Bitte benutzen Sie die öffentlichen Verkehrsmittel.

公共交通機関をご利用ください。

Sie stattet Japan einen offiziellen Besuch ab.

彼女は日本を公式訪問します。

Die Nebenkosten rechnen wir pauschal ab.

雑費はまとめて計算します。

Einen perfekten Menschen gibt es nicht.

完璧な人間などいません。

Aus persönlichen Gründen ist sie heute abwesend.

個人的な理由で彼女は今日欠席です。

□697
politisch
政治的な

□698
praktisch
実用的な

□699
preiswert
お買い得の

□700
privat
私的な

□701
rechtzeitig
ちょうどよいときの

□702
roh
生の

□703
schrecklich
恐ろしい

□704
schriftlich
文書による、筆記による

Er liest viele politische Bücher.

彼は政治に関する本をたくさん読みます。

Von ihm habe ich praktische Tipps bekommen.

彼から実用的なアドバイスをもらいました。

Dieses Sofa kostet nur 86 Euro. Es ist sehr preiswert.

このソファは86ユーロしかしません。とてもお買い得です。

Über sein privates Leben ist wenig bekannt.

彼の私生活についてはあまり知られていません。

Ich war rechtzeitig am Bahnhof.

私は遅れずに駅に着いていました。

Nicht alle mögen rohen Fisch.

みんなが生魚を好むというわけではありません。

Am Wochenende ist ein schrecklicher Unfall passiert.

週末、恐ろしい事故が起こりました。

Dürfte ich Sie um eine schriftliche Antwort bitten?

文書による回答をお願いしてもよろしいでしょうか？

□705

schwanger　　妊娠している

□706

sonnig　　日当たりの良い、よく晴れた

□707

sozial　　社会の

□708

spannend　　はらはら・わくわくさせる

□709

steil　　(坂などが)急な

□710

streng　　厳しい

□711

stumm　　口の利けない

□712

täglich　　毎日の

Meine Frau ist jetzt im siebten Monat schwanger.

妻は今妊娠7カ月です。

Ich suche eine sonnige Wohnung mit Balkon.

バルコニーのある日当たりの良い住まいを探しています。

Der Plan hat große soziale Auswirkungen.

その計画には大きな社会的影響があります。

Das Spiel von gestern war sehr spannend.

昨日の試合はとてもはらはらするものでした。

Der Weg zum Gipfel ist sehr steil.

頂上への道は非常に急です。

Mein Großvater war ein strenger Mensch.

私の祖父は厳しい人でした。

Er ist von Geburt an stumm.

彼は生まれたときから口が利けません。

Ich rufe zweimal täglich meine Eltern an.

私は毎日2回両親に電話します。

□713

tatsächlich 　実際の

□714

taub 　耳の聞こえない

□715

typisch 　典型的な

□716

übrig 　残っている

□717

unangenehm 　不快な

□718

vegetarisch 　菜食主義の

□719

vernünftig 　理性的な

□720

verschieden 　異なった

Erzählen Sie mir, was Sie tatsächlich gesehen haben.

あなたが実際に何を見たか、私に話してください。

Ich bin auf dem rechten Ohr taub.

私は右の耳が聞こえません。

Dieses Verhalten ist typisch für sie.

この態度はいかにも彼女らしいです。

Vom Essen ist nichts mehr übrig.

食べ物はもう何も残っていません。

Er ist wirklich ein unangenehmer Mensch.

彼は本当に不愉快な人です。

Dies ist ein vegetarisches Restaurant.

こちらはベジタリアンレストランです。

Für die Problemlösung müssen wir vernünftig reden.

問題解決のために、私たちは冷静に話し合わなくてはいけません。

Darüber sind wir verschiedener Meinung.

これについて私たちは異なる考えです。

名詞
動詞
形容詞
副詞
その他

□721

voraussichtlich

予想される

□722

vorsichtig

用心深い、慎重な

□723

wach

目覚めている

□724

wild

野生の

□725

wöchentlich

毎週の

□726

zäh

（肉などが）かたい

□727

zärtlich

優しい

□728

zufällig

偶然の

Der Zug hat voraussichtlich 20 Minuten Verspätung.

この列車は20分遅延する見込みです。

Sei vorsichtig! Die Straßen sind glatt.

気を付けて！道路がつるつるして滑りやすいよ。

Ich bin heute seit 5 Uhr wach.

私は今日、5時から目が覚めています。

Im Nationalpark leben viele wilde Tiere.

国立公園には野生の動物が多く生息しています。

Die Zeitschrift erscheint wöchentlich.

その雑誌は週刊です。

Das Fleisch ist zäh und schwer zu kauen.

この肉はかたくて、噛みにくいです。

Sie streichelt ihrem Baby zärtlich über das Haar.

彼女は（自分の）赤ちゃんの髪を優しくなでています。

In der Stadt habe ich zufällig meinen Opa getroffen.

街で偶然おじいちゃんに会いました。

名詞
動詞
形容詞
副詞
その他

□729
allerdings　ただし〜だけれども

□730
bereits　すでに

□731
damals　当時

□732
danach　その後で

□733
deswegen　それゆえに

□734
dorthin　あそこへ

□735
durchaus　まったく

□736
früher　以前は

Er spielt seit 20 Jahren Geige, allerdings nicht so gut.

彼は20年前からバイオリンを弾いています。ただ、あまり上手ではありませんが。

Der letzte Zug nach Berlin ist bereits abgefahren.

ベルリン行きの最終列車はすでに出発しました。

Damals war ich noch jung und hatte kein Geld.

当時私はまだ若く、お金がありませんでした。

Sie ist zuerst zum Arzt und danach einkaufen gegangen.

彼女はまず医者に、その後で買い物に行きました。

Ich bin krank, deswegen muss ich den Termin absagen.

私は病気です。ですので、アポをキャンセルしなければなりません。

Wie komme ich am schnellsten dorthin?

どうやったら最も早くあそこへ行けますか？

Das ist durchaus möglich.

それはまったく可能です。

Sie war früher Krankenpflegerin.

彼女は以前は看護師でした。

名詞
動詞
形容詞
副詞
その他

□737

gratis　　　　　　無料で

□738

höchstens　　　　せいぜい

□739

irgendwann　　　　いつか

□740

jedoch　　　　　　しかしながら

□741

mehrmals　　　　　何度も

□742

mindestens　　　　少なくとも

□743

möglicherweise　　ひょっとすると

□744

neulich　　　　　　先日

Heute bekommt jeder einen Kaffee gratis.

今日は誰でもコーヒー1杯をただでもらえます。

Der Film dauert höchstens zwei Stunden.

その映画は長くてもせいぜい2時間です。

Irgendwann möchte ich ein Haus am Strand kaufen.

いつか海辺に家を買いたいです。

Ich war schon da, jedoch kam mein Freund zu spät.

私はもうそこに着いていましたが、彼氏が遅れて来ました。

Er versuchte mehrmals, mit dem Rauchen aufzuhören.

彼は何度もたばこをやめようとしました。

Ein Zimmer in diesem Hotel kostet mindestens 300 Euro.

このホテルの1部屋は、少なくとも300ユーロします。

Morgen kommt möglicherweise der erste Schnee.

明日ひょっとすると初雪が降るかもしれません。

Neulich habe ich ein Handy gekauft.

先日、携帯電話を買いました。

□745

niemals

決して〜ない

□746

seitdem

それ以来

□747

selbst

〜すら

□748

sicher

きっと

□749

sogar

それどころか、でさえ

□750

sonst

さもないと

□751

spätestens

遅くとも

□752

trotzdem

それにもかかわらず

So etwas würde ich niemals sagen.

そんなこと、私だったら決して言いません。

Seitdem habe ich von ihm nichts gehört.

それ以来、彼から音沙汰がありません。

Selbst seine Familie weiß nicht, wohin er gegangen ist.

彼の家族ですら、彼がどこに行ったか知りません。

Du wirst die Prüfung sicher bestehen.

あなたはその試験にきっと合格するよ。

Er hat mich sogar vom Flughafen abgeholt.

それどころか、彼は空港まで私を迎えに来てくれました。

Wir müssen uns beeilen, sonst verpassen wir den Zug.

急がなきゃ。でないと電車に乗り遅れるよ。

Spätesten bis Freitag musst du das Buch zurückgeben.

遅くとも金曜日までにその本を返さなくてはいけないよ。

Es regnet stark, trotzdem spielen die Kinder draußen.

雨が強く降っています。それでも子どもたちは外で遊んでいます。

名詞

動詞

形容詞

副詞

その他

□753

überhaupt　　　　そもそも

□754

übrigens　　　　ところで

□755

unterwegs　　　　移動の途中で

□756

vorbei　　　　過ぎ去って

□757

vorher　　　　前もって

□758

wenigstens　　　　少なくとも

□759

zuerst　　　　最初に

□760

zunächst　　　　差し当たり

Hast du überhaupt einen Führerschein?

そもそも運転免許は持ってるの？

Übrigens, weißt du, dass ich nach Japan ziehe?

ところで、私が日本に引っ越すって知ってる？

Ich war gerade unterwegs, als du mich angerufen hast.

あなたが電話をくれたとき、私は移動中でした。

Zwischen uns ist es vorbei.

私たちの仲はもうおしまいです。

Warum hast du mir das nicht vorher gesagt?

なんで前もって私にそのことを言ってくれなかったの？

Ihr hättet euch wenigstens entschuldigen können.

少なくとも謝るぐらいはできたでしょうに。

Gehen wir zuerst etwas trinken und dann ins Kino!

まず何か飲みに行って、それから映画に行こう！

An das Problem werde ich zunächst nicht denken.

その問題については、差し当たり考えないことにします。

Memo

＊ 赤数字は、音声のトラック番号です

名詞

動詞

形容詞

副詞

前置詞

□761

ab　　　　　　　　　～以降

□762

außerhalb　　　　　～の外に

□763

entlang　　　　　　～に沿って

□764

gegenüber　　　　　～の向かい側に

□765

innerhalb　　　　　～以内に

□766

statt　　　　　　　　～の代わりに

□767

trotz　　　　　　　　～にもかかわらず

□768

um　　　　　　　　　～の周りを

Mein neuer Roman ist ab heute im Handel.

私の新しい小説は今日から販売されます。

Meine Eltern wohnen außerhalb der Stadt.

私の両親は郊外に住んでいます。

Wir machen eine Radtour entlang der Donau.

私たちはドナウ川沿いをサイクリングします。

Das Kaufhaus ist gegenüber dem Bahnhof.

デパートは駅の向かい側にあります。

Das Ergebnis erhalten Sie innerhalb einer Woche.

結果は1週間以内に受け取れます。

Mein Mann trägt oft eine Fliege statt einer Krawatte.

夫はよくネクタイではなく蝶ネクタイをしています。

Trotz des Regens fand das Fußballspiel statt.

雨にもかかわらず、サッカーの試合は行われました。

Die Erde kreist um die Sonne.

地球は太陽の周りを回っています。

名詞

動詞

形容詞

副詞

接続詞

□769

als ob　　　　　　　あたかも～のように

□770

bevor　　　　　　　～する前に

□771

bis　　　　　　　　～するまで

□772

damit　　　　　　　～するために

□773

ehe　　　　　　　　～する前に

□774

falls　　　　　　　～の場合には

□775

indem　　　　　　　～することによって

□776

je　　　　　　　　　～であればあるほど

Die Leute verhalten sich, als ob nichts passiert wäre.

人々は、まるで何も起きなかったかのように振る舞っています。

Mach die Hausaufgaben, bevor du weggehst!

出かける前に宿題をしなさい。

Bitte bleiben Sie sitzen, bis das Zeichen erloschen ist.

サインが消えるまで着席していてください。

Damit ich die Prüfung bestehe, muss ich mehr lernen.

私は、試験に受かるために、もっと勉強しなくてはいけません。

Ich will nach Hause, ehe es anfängt zu regnen.

雨が降り出さないうちに家に帰りたいです。

Falls du kein Geld hast, bezahle ich heute.

あなたにお金がないのなら、今日は私が払います。

Indem ich selbst koche, kann ich Geld sparen.

自炊することで、私はお金を節約することができます。

Je früher du aufstehst, desto mehr Zeit hast du.

起きるのが早ければ早いほど、もっと時間ができるよ。

名詞

動詞

形容詞

副詞

接続詞

□777

nachdem　　　〜した後で

□778

seitdem　　　〜して以来

□779

sobald　　　　〜するやいなや

□780

sodass　　　　その結果

□781

solange　　　　〜する限り

□782

sowie　　　　　および

□783

während　　　〜する間

□784

wie　　　　　　〜のように

Nachdem wir gegessen haben, gehen wir spazieren.

私たちは、食事をしてから散歩に行きます。

Seitdem ich ihn kenne, ist mein Leben interessanter.

彼と知り合って以来、私の人生はさらに面白くなりました。

Sobald ich die Ergebnisse habe, rufe ich dich an.

結果が分かったらすぐに、あなたに電話します。

Ich bin krank, sodass ich den Termin absagen muss.

私は病気になり、その結果、アポを断らなければなりません。

Du kannst hier bleiben, solange du willst.

いたいだけここにいて良いよ。

Ich habe Linguistik sowie Jura studiert.

私は大学で言語学および法学を学びました。

Während ich verreise, gießt meine Mutter die Blumen.

私が旅行に行っている間、母が花に水をやってくれます。

Der Film war so spannend, wie ich gedacht hatte.

その映画は、思ったとおり手に汗握るものでした。

名詞

動詞

形容詞

副詞

代名詞

☐785

einander　　　　　　お互いに

☐786

einer　　　　　　　　ある人、ある物

☐787

jedermann　　　　　誰でも

☐788

jemand　　　　　　　誰か、ある人

☐789

keiner　　　　　　　誰も〜ない

☐790

man　　　　　　　　人は

☐791

niemand　　　　　　誰も〜ない

☐792

selbst　　　　　　　自分自身

Wir haben einander lange nicht gesehen.

私たちはお互いに長いこと会っていませんでした。

Kann einer von euch mir helfen?

あなたたちのうち誰か私を手伝ってくれる？

Diesen Mann kennt doch jedermann!

この男性のことは誰でも知っているよ。

Spricht hier jemand Englisch oder Japanisch?

ここに誰か英語か日本語を話す人はいますか？

Wenn du so weitermachst, wird dir keiner glauben.

ずっとそうし続けると、誰もあなたのことを信じないよ。

Wie sagt man das auf Deutsch?

それはドイツ語で何と言いますか？

Niemand weiß, wohin er gegangen ist.

彼がどこへ行ったか、誰も知りません。

Diesen Kuchen hat mein Sohn selbst gebacken.

このケーキは息子が自分で焼きました。

□793

auf ~ aufmerksam machen　～を気付かせる

□794

bekannt geben　　　　公表する

□795

mit ~ fertig sein　　　～を終えている

□796

frei von ~ sein　　　　～がなくなる

□797

über ~ glücklich sein　～をうれしく思っている

□798

so ~ wie möglich　　できるだけ～

□799

stolz auf ~ sein　　　～を誇らしく思っている

□800

mit ~ zufrieden sein　～に満足している

Er hat mich auf einen Fehler aufmerksam gemacht.

彼は私に間違いを気付かせてくれました。

Die Sängerin hat ihre Verlobung bekannt gegeben.

その歌手は婚約を発表しました。

Wann seid ihr mit den Hausaufgaben fertig?

あなたたちはいつ宿題を終えるの？

Nach der Operation ist der Patient frei von Schmerzen.

手術の後、その患者は痛みがなくなりました。

Die Eltern sind über den Erfolg ihres Sohnes glücklich.

両親は息子の成功をうれしく思っています。

Er muss so bald wie möglich operiert werden.

彼はできるだけ早く手術を受けなければいけません。

Wir sind stolz auf unseren Sohn.

私たちは息子のことを誇らしく思っています。

Ich bin mit dem Ergebnis zufrieden.

私はその結果に満足しています。

名詞

動詞

形容詞

副詞

熟語

□801

sich über ~ ärgern　〜に腹を立てる

□802

auf ~ aufpassen　〜に気を付ける

□803

sich bei ~ für ... bedanken　〜に…のお礼を言う

□804

mit ~ beginnen　〜に取りかかる

□805

von ~ berichten　〜について報告する・伝える

□806

um ~ bitten　〜を（くれるよう）頼む・求める

□807

sich auf ~ einigen　〜について意見が一致する

□808

es fehlt an ~　〜が不足している

Ich habe mich über ihn sehr geärgert.

私は彼にとても腹を立てました。

Pass auf die Autos auf!

車に気を付けてね！

Ich bedanke mich bei Ihnen für die Einladung.

ご招待いただきお礼申し上げます。

Nächste Woche beginnen wir mit der Ernte.

私たちは来週、収穫を始めます。

Heute möchte ich Ihnen von meiner Reise berichten.

今日は皆さんに私の旅行について報告したいと思います。

Der Mann dort hat mich um Geld gebeten.

あそこにいる男性が私にお金を求めてきました。

Wir haben uns endlich auf einen Kandidat geeinigt.

私たちはようやく1人の候補者で意見が一致しました。

Es fehlt uns dazu an Geld.

私たちにはそのためのお金がありません。

名詞

動詞

形容詞

副詞

熟語

□809

es geht um ~　〜が問題となっている・重要である

□810

es handelt sich um ~　〜のことである・重要である

□811

sich um ~ kümmern　〜の面倒を見る

□812

über ~ nachdenken　〜についてよく考える

□813

mit ~ vergleichen　〜と比較する

□814

auf ~ verzichten　〜を諦める・断念する

□815

Bescheid geben　〜に知らせる

□816

zu Besuch kommen　訪ねる

Es geht hier um die Nachhaltigkeit für die Natur.

これは自然の持続可能性の問題です。

Es handelt sich hier um einen Mord.

これは殺人です。

Tagsüber kümmert sich mein Vater um meinen Sohn.

日中は、私の父が息子の面倒を見ます。

Ich muss über die Zukunft der Kinder nachdenken.

私は子どもたちの未来についてよく考えなくてはなりません。

Vergleichen Sie Ihren PC mit unserem neuen Modell!

お持ちのパソコンを我が社の新しい型と比べてください。

Ich kann auf Urlaub nicht verzichten.

私は休暇を諦めることはできません。

Bitte gib mir Bescheid, ob du zur Party kommst!

パーティーに来るかどうか知らせてね！

Ein alter Freund kommt zu uns zu Besuch.

古い友人が私たちを訪ねてきます。

名詞

動詞

形容詞

副詞

熟語

□817

eine Frage stellen　質問する

□818

in Gefahr sein　危機にある

□819

zum Glück　幸運にも

□820

seit Jahren　何年も前から

□821

in der Lage sein　～することができる

□822

ums Leben kommen　亡くなる

□823

der Meinung sein　～という意見である

□824

in der Nähe　～の近くで

Darf ich Ihnen eine Frage stellen?

質問してもよろしいですか？

Wegen des Klimawandels sind die Wälder in Gefahr.

気候変動のせいで森が危機にあります。

Zum Glück ist uns bei dem Unfall nichts passiert.

幸運にもその事故で私たちの身には何も降りかかりませんでした。

Seit Jahren ist dieses Geschäft geschlossen.

何年も前からこの店は閉まっています。

Ich bin nicht in der Lage, sofort die Miete zu bezahlen.

私はすぐに家賃を支払うことはできません。

Beim Unfall sind zwei Menschen ums Leben gekommen.

事故で2名が亡くなりました。

Ich bin der Meinung, dass wir mehr lesen sollten.

私は、私たちはもっと読書をするべきだという意見です。

Ich wohne in der Nähe der Uni.

私は大学の近くに住んでいます。

名詞

動詞

形容詞

副詞

熟語

☐825

im Notfall　万が一・緊急の場合に

☐826

Platz nehmen　席に着く

☐827

in der Regel　普通は

☐828

an der Reihe sein　順番に当たっている

☐829

Tag für Tag　日に日に

☐830

eines Tages　いつの日か、ある日

☐831

rund um die Uhr　24時間通しで

☐832

zur Verfügung stehen　～の自由になる

Im Notfall kannst du mein Auto benutzen.

万が一の場合には私の車を使ってもいいですよ。

Bitte nehmen Sie Platz!

どうぞお座りください。

In der Regel fahre ich mit dem Bus zur Arbeit.

私は普通、バスで仕事に行きます。

Jetzt bist du an der Reihe.

今度はきみの番だよ。

Der Winter ist vorbei. Es wird Tag für Tag wärmer.

冬が終わりました。日に日に暖かくなります。

Ich möchte eines Tages eine Weltreise machen.

いつか世界一周旅行がしたいと思っています。

Dieser Supermarkt ist rund um die Uhr geöffnet.

このスーパーは24時間開いています。

Dieses Zimmer steht dir zur Verfügung.

この部屋はあなたが自由に使っていいですよ。

□833

zur Welt bringen　生む

□834

sein Wort halten　約束を守る

□835

die ganze Zeit　ずっと

□836

ab und zu　ときどき

□837

immer noch　依然として

□838

immer wieder　繰り返し

□839

im Voraus　前もって

□840

mehr oder weniger　多かれ少なかれ

Sie hat ein gesundes Mädchen zur Welt gebracht.

彼女は元気な女の子を出産しました。

Sie hält immer ihr Wort.

彼女はいつでも約束を守ります。

Er hat die ganze Zeit nur Unsinn geredet.

彼はずっとくだらないことしか話しませんでした。

Ich treffe ab und zu Freunde aus der Schulzeit.

ときどき学生時代の友達と会います。

Mein Bruder wohnt immer noch bei unseren Eltern.

私の兄／弟はいまだに親元に住んでいます。

Bei Taifunen fällt immer wieder der Strom aus.

台風のときには繰り返し停電になります。

Die Miete ist am 1. des Monats im Voraus zu zahlen.

家賃は毎月1日に前もって払わなければいけません。

Dieser Versuch war mehr oder weniger erfolglos.

この試みはいずれにせよ失敗でした。

□841

und zwar それも

□842

vor allem 特に、とりわけ

□843

entweder ~ oder ... ～か…か

□844

nicht ~, sondern ... ～ではなく…

□845

nicht nur ~, sondern auch ... ～だけでなく…も

□846

sowohl ~ als auch ... ～も…も

□847

weder ~ noch ... ～でも…でもない

□848

zwar ~, aber ... 確かに～だが…だ

Wir müssen schon los, und zwar sofort.

私たちはもう出かけなければなりません。それもすぐにです。

Wir essen alles, vor allem gern Fisch.

私たちは何でも食べます。特に魚が好きです。

Entweder kommt mein Freund oder mein Bruder mit.

私の彼氏か兄／弟が一緒に来ます。

Heute gehe ich nicht ins Kino, sondern ins Theater.

今日は映画ではなく、劇に行きます。

Ich spreche nicht nur Spanisch, sondern auch Russisch.

私はスペイン語だけでなくロシア語も話します。

Ich spreche sowohl Spanisch als auch Russisch.

私はスペイン語もロシア語も話します。

Er ist weder in München noch in Berlin gewesen.

彼はミュンヘンにもベルリンにも行ったことがありません。

Sie war zwar da, aber sie hat nichts gesehen.

彼女は確かにそこにいましたが、何も見ていませんでした。

Bedienung	名	227	36
Bedingung	名	228	36
befehlen	動	482	74
begegnen	動	483	74
begeistern	動	484	74
begleiten	動	485	74
begründen	動	486	74
behindert	形	636	114
Behörde	名	81	18
Beilage	名	9	9
beißen	動	487	74
bekannt	形	637	114
beleidigen	動	488	74
bemerken	動	489	76
Benzin	名	25	11
beobachten	動	490	76
beraten	動	491	76
Bereich	名	229	36
bereits	副	730	138
Bericht	名	230	36
berühmt	形	638	114
berühren	動	492	76
besichtigen	動	493	76
besprechen	動	494	76
Besteck	名	10	9
bestehen	動	495	76
Betrag	名	231	36
Betrieb	名	232	36
betrunken	形	639	114
Bettlaken	名	108	21
Bevölkerung	名	233	37
bevor	接	770	150
bewegen	動	496	76
bewölkt	形	640	114
Biergarten	名	138	25
Bildschirm	名	90	19
binden	動	497	78
bis	接	771	150
bitter	形	641	116
blasen	動	498	78
blind	形	642	116

Blitz	名	49	14
Block	名	234	37
Bluse	名	195	32
bluten	動	499	78
Boden	名	109	21
Bonbon	名	11	9
böse	形	643	116
braten	動	500	78
bremsen	動	501	78
Briefkasten	名	110	21
Briefmarke	名	235	37
Briefträger	名	172	29
buchen	動	502	78
Bücherei	名	139	25
Bundeskanzler	名	173	29
bunt	形	644	116
Burg	名	140	25
C Computerprogramm	名	91	19
Computerspiel	名	92	19
Cousin	名	1	8
Cousine	名	2	8
D Dach	名	111	21
damals	副	731	138
damit	接	772	150
danach	副	732	138
darstellen	動	503	78
Deckel	名	236	37
Demokratie	名	237	37
demokratisch	形	645	116
Demonstration	名	238	37
demonstrieren	動	504	78
Denkmal	名	239	37
deswegen	副	733	138
Dichter	名	174	29
dienen	動	505	80
diskutieren	動	506	80
Dokument	名	240	37
Donner	名	50	14
doppelt	形	646	116
dorthin	副	734	138
Dose	名	241	38

Fremdwort	名	263	40
fressen	動	530	86
Freude	名	264	40
Freundschaft	名	265	41
frieren	動	531	86
Friseur	名	177	30
frisieren	動	532	86
Frost	名	52	14
früher	副	736	138
Führerschein	名	26	11
Führung	名	266	41
füllen	動	533	86
Fußgänger	名	27	11
Fußgängerzone	名	143	25
füttern	動	534	86
G Garantie	名	267	41
Garderobe	名	116	22
Gast	名	268	41
Gaststätte	名	144	25
Gebiet	名	269	41
Gebrauchsanweisung	名	270	41
Geburt	名	271	41
Geburtsort	名	82	18
Geburtstagsparty	名	272	41
Gefahr	名	273	42
gefährlich	形	661	120
Gefühl	名	274	42
gegenüber	前	764	148
Geheimnis	名	275	42
Gehweg	名	145	26
Geldschein	名	59	15
gelingen	動	535	86
gemeinsam	形	662	120
gemütlich	形	663	120
Genehmigung	名	276	42
Gepäck	名	277	42
gerade	形	664	120
Gerät	名	278	42
gerecht	形	665	122
Gerechtigkeit	名	279	42
Gericht	名	280	42

Geschäftsfrau	名	178	30
Geschäftsmann	名	178	30
geschieden	形	666	122
Gesellschaft	名	281	43
Gesetz	名	282	43
Gesundheit	名	283	43
Gewalt	名	284	43
Gewinn	名	285	43
gewinnen	動	536	86
Gewitter	名	53	14
gießen	動	537	88
Gift	名	286	43
glatt	形	667	122
Glaube	名	287	43
gleich	形	668	122
Glühbirne	名	76	17
gratis	副	737	140
Grenze	名	288	43
Griff	名	117	22
grillen	動	538	88
Grippe	名	66	16
Grund	名	289	44
gründen	動	539	88
gültig	形	669	122
günstig	形	670	122
H Hackfleisch	名	12	9
Hase	名	99	20
häufig	形	671	122
Hauptbahnhof	名	146	26
Hauptstraße	名	147	26
Haushalt	名	290	44
Haut	名	42	13
heben	動	540	88
heftig	形	672	122
Heimat	名	291	44
herstellen	動	541	88
hinlegen	動	542	88
hinsetzen	動	543	88
Hitze	名	292	44
Hochschule	名	35	12
höchstens	副	738	140

Hochzeit	名	293	44	Kleingeld	名	60	15
Hof	名	118	22	Klima	名	305	46
höflich	形	673	124	Klingel	名	122	23
Humor	名	294	44	klingen	動	548	90
Husten	名	67	16	Klub	名	306	46
husten	動	544	88	Kneipe	名	150	26
I indem	接	775	150	Knie	名	43	13
Inland	名	295	44	Knoblauch	名	16	9
innerhalb	前	765	148	Knochen	名	44	13
Insekt	名	100	20	komisch	形	675	124
Internetseite	名	93	19	Kommunikation	名	307	46
irgendwann	副	739	140	Kompromiss	名	308	46
J Jahreszeit	名	296	44	Konferenz	名	309	46
Jahrhundert	名	297	45	Konflikt	名	310	46
je	接	776	150	Kontakt	名	311	46
jedermann	代	787	154	Konto	名	61	15
jedoch	副	740	140	Kontrolle	名	312	46
jemand	代	788	154	kontrollieren	動	549	90
Journalist	名	179	30	kostenlos	形	676	124
Jugend	名	298	45	Krankenpfleger	名	180	30
Jugendliche	名	299	45	Kreditkarte	名	62	15
K Kabel	名	77	17	kriegen	動	550	90
Kalbfleisch	名	13	9	Krimi	名	313	47
Kamera	名	78	17	Krise	名	314	47
Kamin	名	119	22	Kritik	名	315	47
Kamm	名	300	45	kritisch	形	677	124
kämmen	動	545	90	kühl	形	678	124
kämpfen	動	546	90	Kunde	名	181	30
Kanne	名	14	9	Kundin	名	181	30
Kantine	名	148	26	künstlich	形	679	124
Karotte	名	15	9	Kurve	名	316	47
Kasse	名	301	45	Kusine	名	2	8
Kasten	名	302	45	Kuss	名	317	47
Katastrophe	名	303	45	**L** Lage	名	318	47
keiner	代	789	154	landen	動	551	90
Keller	名	120	22	Landschaft	名	319	47
Kenntnisse	名	304	45	lassen	動	552	90
Kiosk	名	149	26	Lautsprecher	名	123	23
Kissen	名	121	23	lebendig	形	680	124
klassisch	形	674	124	Lebenslauf	名	320	47
kleben	動	547	90	Leber	名	45	13

Leder	名	197	32	Müll	名	334	49
ledig	形	681	126	Mülleimer	名	126	23
leihen	動	553	92	mündlich	形	686	126
leiten	動	554	92	Münze	名	63	15
Lift	名	124	23	Musiker	名	184	30
Literatur	名	321	48	mutig	形	687	126
Lohn	名	322	48	Muttersprache	名	335	49
Lokal	名	151	26	N nachdem	接	777	152
lösen	動	555	92	Nachricht	名	336	49
Lösung	名	323	48	Nachweis	名	337	50
Lunge	名	46	13	nackt	形	688	126
M Maler	名	182	30	Nadel	名	198	32
man	代	790	154	Nagel	名	47	13
männlich	形	682	126	Nation	名	338	50
Mannschaft	名	324	48	national	形	689	128
markieren	動	556	92	Nebel	名	54	14
Maschine	名	325	48	Neffe	名	6	8
Mauer	名	326	48	nennen	動	561	94
Maus	名	101	20	Netz	名	339	50
Mechaniker	名	183	30	neugierig	形	690	128
Mehl	名	17	10	Neuigkeit	名	340	50
Mehrheit	名	327	48	neulich	副	744	140
mehrmals	副	741	140	Nichte	名	7	8
merken	動	557	92	Niederschlag	名	55	14
Methode	名	328	48	niemals	副	745	142
mild	形	683	126	niemand	代	791	154
militärisch	形	684	126	normal	形	691	128
Minderheit	名	329	49	Not	名	341	50
mindestens	副	742	140	Notausgang	名	127	23
Ministerium	名	83	18	notieren	動	562	94
mischen	動	558	92	nützen	動	563	94
Mitarbeiter	名	330	49	O Ofen	名	128	23
mitbringen	動	559	92	öffentlich	形	692	128
Mitglied	名	331	49	offiziell	形	693	128
mitteilen	動	560	92	Öffnungszeit	名	342	50
Mitternacht	名	332	49	operieren	動	564	94
Möbel	名	125	23	Opfer	名	343	50
möbliert	形	685	126	Orchester	名	344	50
möglicherweise	副	743	140	Organisation	名	345	51
Mord	名	333	49	organisieren	動	565	94
Mücke	名	102	20	Ort	名	346	51

P Paar	名	347	51	Reiseführer	名	188	31
packen	動	566	94	Religion	名	356	52
Papiere	名	348	51	Reparatur	名	357	52
Parlament	名	84	18	reparieren	動	572	96
Partei	名	85	18	Resultat	名	358	52
passieren	動	567	94	retten	動	573	96
pauschal	形	694	128	Rezeption	名	154	27
PC	名	94	19	riechen	動	574	96
perfekt	形	695	128	Rindfleisch	名	20	10
Personalausweis	名	86	18	Ring	名	202	33
persönlich	形	696	128	roh	形	702	130
Pfanne	名	18	10	Roman	名	359	52
Pflegeheim	名	152	26	Rücken	名	48	13
pflegen	動	568	94	Ruhe	名	360	52
Pilz	名	19	10	Rundfahrt	名	361	53
Pkw	名	28	11	**S** Saison	名	362	53
Plakat	名	349	51	Sänger	名	189	31
Politiker	名	185	31	Schach	名	363	53
politisch	形	697	130	Schachtel	名	364	53
Polizist	名	186	31	Schaden	名	365	53
Portion	名	350	51	Schaf	名	103	20
Portmonee	名	199	32	Schalter	名	155	27
praktisch	形	698	130	Schatten	名	366	53
Präsident	名	187	31	schauen	動	575	96
preiswert	形	699	130	Schaufenster	名	156	27
privat	形	700	130	Schauspieler	名	190	31
Produkt	名	351	51	schieben	動	576	96
Protest	名	352	51	schießen	動	577	98
prüfen	動	569	96	Schild	名	367	53
Publikum	名	353	52	Schluck	名	368	53
Puppe	名	354	52	Schmuck	名	203	33
R rasieren	動	570	96	Schnupfen	名	68	16
rechtzeitig	形	701	130	Schnur	名	204	33
Referat	名	36	12	Schraube	名	369	54
Reform	名	355	52	schrecklich	形	703	130
Regenmantel	名	200	32	Schreibtisch	名	129	24
Regenschirm	名	201	33	schreien	動	578	98
regieren	動	571	96	Schrift	名	370	54
Regierung	名	87	18	schriftlich	形	704	130
Reifen	名	29	11	Schriftsteller	名	191	31
Reisebüro	名	153	27	Schulden	名	371	54

Schulfach	名	37	12	Sprechstunde	名	382	55
schütten	動	579	98	springen	動	585	100
schwanger	形	705	132	Spritze	名	69	16
Schweinefleisch	名	21	10	Spülbecken	名	131	24
Schwimmbad	名	157	27	spülen	動	586	100
schwitzen	動	580	98	spüren	動	587	100
Sehenswürdigkeit	名	372	54	Staat	名	383	55
seitdem	副	746	142	Stadion	名	160	27
seitdem	接	778	152	Stadtplan	名	161	28
selbst	副	747	142	Stall	名	162	28
selbst	代	792	154	statt	前	766	148
Selbstbedienung	名	373	54	Stau	名	30	11
Semester	名	38	12	stechen	動	588	100
Senf	名	22	10	Steckdose	名	79	17
Sessel	名	130	24	stecken	動	589	100
sicher	副	748	142	Stecker	名	80	17
Sicherheit	名	374	54	stehlen	動	590	100
siegen	動	581	98	Stehplatz	名	384	55
siezen	動	582	98	steil	形	709	132
sinken	動	583	98	Stelle	名	385	56
Sitz	名	375	54	Stempel	名	386	56
Sitzplatz	名	376	54	Steuer	名	387	56
sobald	接	779	152	Stimmung	名	388	56
sodass	接	780	152	Stock	名	389	56
sogar	副	749	142	stoßen	動	591	100
solange	接	781	152	Strafe	名	390	56
Sonderangebot	名	377	55	Strand	名	163	28
sonnig	形	706	132	Strecke	名	391	56
sonst	副	750	142	streicheln	動	592	100
Souvenir	名	378	55	Streichholz	名	392	56
sowie	接	782	152	Streik	名	393	57
sozial	形	707	132	streiken	動	593	102
spannend	形	708	132	Streit	名	394	57
spätestens	副	751	142	streiten	動	594	102
Speck	名	23	10	streng	形	710	132
speichern	動	584	98	Strom	名	395	57
Speise	名	379	55	Strumpf	名	205	33
Spezialität	名	380	55	Strumpfhose	名	206	33
Spielzeug	名	381	55	Studium	名	396	57
Sporthalle	名	158	27	Stufe	名	397	57
Sportplatz	名	159	27	stumm	形	711	132

Sturm	名	56	14
Süßigkeit	名	24	10
System	名	398	57
T Tablette	名	70	16
Tafel	名	39	12
täglich	形	712	132
Tal	名	164	28
tanken	動	595	102
Tankstelle	名	165	28
Tanz	名	399	57
Tastatur	名	95	19
Taste	名	96	19
Tatsache	名	400	57
tatsächlich	形	713	134
taub	形	714	134
Technik	名	401	58
Teil	名	402	58
Teilnehmer	名	403	58
Temperatur	名	404	58
Titel	名	405	58
Toilettenpapier	名	132	24
Tor	名	133	24
Tote	名	406	58
töten	動	596	102
trainieren	動	597	102
transportieren	動	598	102
träumen	動	599	102
treiben	動	600	102
trennen	動	601	104
Trinkgeld	名	64	15
trocknen	動	602	104
Tropfen	名	407	58
trotz	前	767	148
trotzdem	副	752	142
Turm	名	166	28
Typ	名	408	58
typisch	形	715	134
U überhaupt	副	753	144
überholen	動	603	104
Überraschung	名	409	59
Übersetzung	名	410	59
Überstunde	名	411	59
überweisen	動	604	104
übrig	形	716	134
übrigens	副	754	144
Ufer	名	167	28
um	前	768	148
Umgebung	名	412	59
Umleitung	名	31	11
umziehen	動	605	104
unangenehm	形	717	134
Unfall	名	413	59
Unglück	名	414	59
Unterschied	名	415	59
Unterschrift	名	416	59
unterstützen	動	606	104
Unterstützung	名	417	60
untersuchen	動	607	104
Unterwäsche	名	207	33
unterwegs	副	755	144
Urkunde	名	418	60
V vegetarisch	形	718	134
Verabredung	名	419	60
verändern	動	608	104
Veranstaltung	名	420	60
Verantwortung	名	421	60
verbessern	動	609	106
verbinden	動	610	106
Verbindung	名	422	60
verbreiten	動	611	106
verbringen	動	612	106
verdienen	動	613	106
Verein	名	423	60
vergehen	動	614	106
verirren	動	615	106
Verkäufer	名	192	31
Verkehr	名	424	60
Verkehrsunfall	名	32	11
verlangen	動	616	106
verletzen	動	617	108
Verletzung	名	71	16
verlieren	動	618	108

改訂版
キクタン ドイツ語【初中級編】
独検3級レベル

発行日	2019年7月23日（初版）
	2024年3月13日（改訂版）
著者	櫻井麻美
編集	株式会社アルク 出版編集部
原文校正	バイヤー田口ディアーナ／ Eva Wölbling
アートディレクション	細山田光宣
カバーデザイン	柏倉美地（細山田デザイン事務所）
本文デザイン	奥山和典（酒冨デザイン）
イラスト	（本文）奥山和典（酒冨デザイン）
	（帯）白井匠（白井図画室）
DTP	株式会社創樹
ナレーション	バイヤー田口ディアーナ、須藤まゆみ
音楽制作・録音・編集	Niwaty、トライアンフ株式会社
印刷・製本	萩原印刷株式会社
発行者	天野智之
発行所	株式会社アルク
	〒 102-0073　東京都千代田区九段北 4-2-6　市ヶ谷ビル
	Website　https://www.alc.co.jp/

※この書籍は 2019 年 7 月刊行の『キクタン ドイツ語【初中級編】独検 3 級レベル』を改訂したものです。

落丁本、乱丁本は弊社にてお取り換えいたしております。
Web お問い合わせフォームにてご連絡ください。
https://www.alc.co.jp/inquiry

©2024 Mami Sakurai ／ ALC PRESS INC.
　Kazunori Okuyama ／ Takumi Shirai ／ Niwaty
　Printed in Japan.

PC：7024052
ISBN：978-4-7574-4098-2

地球人ネットワークを創る

アルクのシンボル
「地球人マーク」です。